Wer würfelt mit?

Wer würfelt mit?

Von Kindern, einem Würfel und dem Evangelium

Herausgegeben von
Joachim Schwind

Mit Fotos von Peter Friebe

**VERLAG NEUE STADT
MÜNCHEN · ZÜRICH · WIEN**

1. Auflage 2004
© Alle Rechte bei Verlag Neue Stadt, München
Gestaltung und Satz: Neue-Stadt-Graphik
Fotos: Peter Friebe
Druck: Memminger MedienCentrum, Memmingen
ISBN 3-87996-627-3

Liebe Kinder,

wenn man euch fragen würde, was Jesus vor 2000 Jahren Wichtiges gesagt hat, wüsstet ihr sicher die Antwort: Die wichtigste Botschaft Jesu war: „Wir haben einen Vater im Himmel, der uns alle unendlich gern hat. Deshalb sind alle Menschen Geschwister und sollen einander so gern haben, wie Jesus uns geliebt hat."

Wenn das nur so einfach wäre!, denkt ihr euch bestimmt. Und wahrscheinlich fallen euch sofort ein paar Leute ein, die ihr eigentlich gar nicht so gerne habt.

Lieben, so wie Jesus es uns gelehrt hat, ist wirklich eine Kunst; aber es ist eine Kunst, die man lernen kann.

Vor einigen Jahren haben junge Leute in der Schweiz einen Würfel erfunden, der ihnen helfen soll, diese Kunst zu lernen. Viele Kinder in der ganzen Welt haben inzwischen so einen Würfel: Kinder aus Afrika und Amerika, aus Asien, Australien und Europa. Kinder aus reichen Ländern und Kinder, die kaum genug zu essen haben. Kinder, denen es gut geht, und Kinder, die Sorgen haben … Was sie alle verbindet, ist der Wunsch zu lieben. Der Würfel erinnert sie daran: Jeden Morgen würfeln sie ein Motto, an das sie dann möglichst oft denken wollen. Einige Kinder haben aufgeschrieben, was sie damit erlebt haben.

Euer Verlag Neue Stadt

Übrigens: Wenn ihr wissen wollt, was auf den sechs Seiten des Würfels steht, schaut doch mal hinten in diesem Buch nach!

Der Hunger war nicht weg

Einmal hatte ich großen Hunger. Deshalb ging ich in einen Laden und kaufte mir ein Brot.
Als ich wieder hinaus ging, liefen mir drei ganz magere Kinder über den Weg. Ich dachte an das Motto: „Sich einsmachen mit den anderen". Die drei sahen traurig aus und hatten sicher auch Hunger.
„Wenn ich ihnen jetzt etwas gebe", überlegte ich mir, „dann bleibe ich hungrig." Doch dann war mir, als würde Jesus mir sagen: „Gib ihnen alles!"
Das habe ich dann auch getan.

Mein Magen war danach immer noch leer, aber ich war ganz glücklich.
Und ich hatte das Gefühl, als ob Jesus zu mir „danke" sagte.

Uche (Nigeria)

Sonst gibt es immer Streit

Teresa und ihr Bruder Oliver haben schön zusammen gespielt. Doch dann will Oliver genau das Spielzeug haben, mit dem Teresa gerade spielt.

Normalerweise gibt es dann einen heftigen Streit. Doch diesmal überlegt Teresa eine Weile; dann gibt sie Oliver das Spielzeug.

Die Mutter, die zugeschaut hat, wundert sich. Da erklärt Teresa: „Weißt du, Mama, ich habe es ihm gegeben, weil ich ihm etwas Gutes tun wollte." Und dann erzählt sie vom Würfel: „Meine Freundinnen und ich, wir haben gestern in unserer Gruppe gewürfelt. Und da ist herausgekommen: ‚Als Erste lieben'."

Aus der Schweiz

Das kann man nicht machen!

Eines Tages hat uns unsere Lehrerin eine komische Aufgabe gestellt: Wir sollten aufschreiben, wer in der Klasse uns am besten gefällt und wer am wenigsten.

Auf mein Blatt habe ich geschrieben, dass ich alle Kinder meiner Klasse mag, weil Gott sie alle gern hat.

Dann habe ich mich gemeldet und gesagt: „Frau Lehrerin, so etwas kann man nicht machen!"

Meine Freundin fing an zu klatschen, und dann einige andere und am Ende die ganze Klasse.

Die Lehrerin hat uns nie wieder so eine Aufgabe gestellt.

Kanna (Japan)

Fußball gefällt mir nicht

Mein Bruder und ich bestimmen immer abwechselnd, was wir im Fernsehen angucken. Am Sonntag war ich wieder dran. Ich wollte unbedingt einen Zeichentrickfilm anschauen. Doch mein Bruder hat gesagt: „Heute ist Fußball! Ich will das Spiel sehen!"
Fußball mag ich nicht. Aber ich habe ihn trotzdem das Spiel gucken lassen, weil ich mich an den Würfel erinnert habe. Das Motto war: „Als Erste lieben."
Mein Bruder, der nichts davon wusste, war ganz schön überrascht.

Lars (Schweden)

Die Lehrerin war besonders streng

„Sabine, kann ich dir helfen?", fragt Anna am Morgen ihre Schulkameradin. Sabine hat nämlich das Bein in Gips. Und das Klassenzimmer liegt im ersten Stock.
„Ja, danke!", antwortet Sabine. Anna nimmt sie bei der Hand und führt sie die Stufen hinauf.
„Auwei!", ruft Sabine aus, als sie oben angekommen sind. „Ich habe meine Schultasche in der Garderobe vergessen!" Anna zögert ein wenig. Gleich würde der Unterricht beginnen, und Anna weiß, dass die Lehrerin besonders streng ist. Sie will, dass alle pünktlich in der Klasse sind und schon ihre Sachen auf dem Tisch vorbereitet haben.
Doch dann denkt Anna an die „Kunst zu lieben" und das heutige Motto: „Mit Taten lieben".

Sie saust noch einmal ins Erdgeschoss und holt Sabines Tasche. Kurz vor der Lehrerin kommt sie noch ins Klassenzimmer – und ist freudig überrascht:
Eine andere hat in der Zwischenzeit ihre Sachen auf dem Tisch bereitgelegt.

Aus Portugal

Du darfst hier nichts verkaufen!

„Du darfst hier nichts verkaufen!", fuhr Pierre den jungen Nordafrikaner an, der am Gehsteig saß und Waren anbot. Irgendjemand hatte Pierre wohl gesagt, dass das verboten sei.
Louis, Pierres Freund, der mit ihm unterwegs war, fasste ihn am Arm und sagte:
„Komm, lass ihn! Wovon soll er sonst leben? Wir sind doch alle Geschwister, egal ob wir schwarz sind oder weiß!"
Ganz verdutzt schaute Pierre ihn an. Dann bat er den jungen Mann um Verzeihung. Seitdem grüßen sie sich jedes Mal, wenn sie sich begegnen.

Aus Frankreich

Ich fürchtete mich

Früher waren Bernhard und ich richtig gute Freunde. Doch irgendwann fingen meine Klassenkameraden an, ihn zu ärgern. Am Anfang nur ein bisschen, dann immer mehr. Ich war hin- und hergerissen. Einerseits war Bernhard mein Freund. Andererseits war die ganze Klasse gegen ihn und ich fürchtete mich davor, dass auch ich verspottet würde, wenn ich zu Bernhard hielt. Die boshaften Bemerkungen wurden Tag für Tag schlimmer, bis sie langsam zum Alltag gehörten …
Eigentlich wollte ich da nicht mitmachen, aber …
Dann fiel mir wieder ein: „Jesus im Nächsten sehen." Da packte mich das schlechte Gewissen. Jesus ist in jedem Menschen – auch in denen, die nicht so beliebt sind. Sofort fiel mir Bernhard ein, und ich beschloss, von nun an bei den Sticheleien nicht mehr

mitzumachen. Und wenn die anderen ganz gemein waren, nahm ich ihn in Schutz oder versuchte, die anderen abzulenken.

Jetzt redeten Bernhard und ich wieder öfter in der Schule miteinander – wenn auch heimlich, denn ich hatte immer noch Angst vor den anderen.

Bernhard hat mir verziehen, dass ich ihn auch so oft geärgert hatte. Ich weiß, dass das gar nicht leicht ist. Dafür bin ich ihm sehr dankbar. Nun sind wir wieder gute Freunde.

Aus Deutschland

Entschuldigung!

Ein Mädchen aus meiner Klasse wird von allen verspottet. Mein Banknachbar ist besonders gemein zu ihr. Auch ich habe manchmal mitgemacht.

Einmal habe ich morgens mit dem Würfel der „Kunst zu lieben" gewürfelt. Heraus kam „Jesus im Nächsten lieben". Ich habe mir gedacht: Jesus würde ich nicht so ärgern! In der Schule bin ich dann zu dem Mädchen gegangen und habe gesagt: „Entschuldigung, dass ich so gemein zu dir war."

Mein Banknachbar hat das gesehen und hat mich gefragt: „Warum hast du das getan?"

Ich habe geantwortet: „Weil ich auch nicht möchte, dass man mich so ärgert!"

Da hat auch er sich bei ihr entschuldigt.

Am Nachmittag bin ich dann mit ihr zusammen zum Spielen gegangen.

Marina (Spanien)

Oh nein, die nicht!

Ich würfle jeden Morgen mit dem Würfel der Kunst zu lieben. Eines Tages kam dabei das Motto „Die Feinde lieben" heraus.
Ich wusste nicht recht, wie ich das machen sollte.

Da ging ich zu meiner Mutter und sagte: „Mama, aber ich habe doch gar keine Feinde."
Mama antwortete: „Vielleicht hast du keine richtigen Feinde. Aber es gibt sicher jemand, der dir auf die Nerven geht und den du nicht besonders magst!"

Nach der letzten Schulstunde lud ich meine Freundin Susan ein: „Kommst du zu mir zum Spielen?"
Julia hörte das und fragte mich: „Darf ich auch kommen?" – Oh nein, die nicht!, dach-

te ich zuerst. Ausgerechnet Julia? Ich fand sie nie besonders nett. Und außerdem ist sie oft so komisch angezogen!
Doch dann fiel mir der Würfel ein und das, was Mama mir erklärt hatte. Schnell sagte ich: „Ja, komm ruhig mit!"

Mary (Philippinen)

Ich wollte Papa gar nicht sehen

Es klingelte an der Tür. Eliane ahnte schon, dass es ihr Vater war. Sie überlegte, ob sie überhaupt öffnen sollte. Am liebsten hätte sie ihn gar nicht gesehen. Er hatte ihre Mutter im Stich gelassen und schrie sie oft an.
Heute kam er wieder, um etwas mit Eliane zu unternehmen. Sie wollte sich schon verstecken, doch da kam ihr in den Sinn, was sie beim letzten Mal in der Kindergruppe ausgemacht hatten: „Alle lieben" und die anderen glücklich machen … Auch den Vater!, schoss es ihr durch den Kopf. Sie ging zur Tür und öffnete. „Hallo Papa!", begrüßte sie ihn und gab ihm einen Kuss. Er schaute sie verwundert an.
Am Abend konnte Eliane ihrer Schwester Paola erzählen: „Heute war ein ganz schöner Tag. Papa hat nicht ein Mal geschrien!"

Aus Brasilien

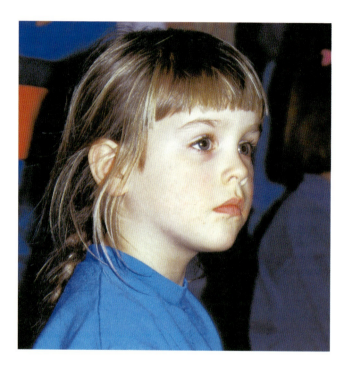

Zuerst war Claudia richtig sauer.

Neben den setze ich mich nicht!

Einmal mussten wir in der Klasse die Plätze tauschen. Die Lehrerin wollte mich neben einen Jungen setzen, den ich gar nicht leiden konnte.

Richtig sauer habe ich zur Lehrerin gesagt: „Nein, da setze ich mich nicht hin!"

Ich bin einfach im Klassenzimmer stehen geblieben.

Dann habe ich mich aber an meinen Würfel erinnert. Ich hatte das Motto „Alle lieben" gewürfelt. So bin ich zur Lehrerin gegangen und habe gesagt: „Entschuldigung! Wenn Sie wollen, kann ich auch für das ganze Jahr neben ihm sitzen."

Danach bin ich richtig glücklich gewesen.

Claudia (Österreich)

Ich wollte schon sagen: Los, komm!

Mit ein paar Freunden wollten wir ins Wildgehege gehen, um uns die Rehe anzuschauen. Als Andrej mit einem Schwung über einen Balken springen wollte, ist er hingefallen. Er hat sich weh getan und geweint. Ich wollte ihm schon sagen: Komm! Steh schon auf!

Aber dann ist mir der Würfel eingefallen. Am Morgen hatte ich das Motto „Alle lieben" gewürfelt. So habe ich zu meinen Freunden gesagt: „Geht schon mal weiter!" Dann habe ich Andrej aufgeholfen, ihm das Knie abgeputzt, und er hat aufgehört zu weinen. Dann sind wir zusammen zu den Rehen gegangen.

Mirek (Tschechien)

Eine dritte Chance

Mein Banknachbar ist manchmal total lästig. Einmal ging er mir wieder voll auf die Nerven. Er hörte der Lehrerin nicht zu, schubste mich und störte mich ständig. Ich hatte eine Riesenwut auf ihn und hätte ihn am liebsten zurückgestoßen.

Aber ich hielt mich zurück. Denn auf meinem Würfel hatte gestanden: „Die Feinde lieben". So bat ich ihn: „Sei bitte ruhig!" Aber er machte weiter.

Da probierte ich es noch einmal: „Lass mich bitte in Ruhe!", flüsterte ich.

Auch diesmal machte er sich nichts daraus und machte einfach weiter.

Da wollte ich schon aufstehen und es der Lehrerin sagen. Doch ich dachte an den Satz auf dem Würfel und beschloss: Eine Chance gebe ich ihm noch! Ich schaute ihn an und sagte leise: „Ich will dich nicht verpetzen,

aber jetzt reicht es. Hör bitte auf zu stören!" Da war er wirklich still. Später hat er mich sogar um Entschuldigung gebeten.

Stefan (Österreich)

Das ist ja toll!

Es ist der letzte Schultag vor den Ferien. Lucas darf sich in der Bäckerei etwas aussuchen. „Einen Donut!", sagt er und packt das süße Gebäck gleich in die Tasche.

Dann geht er mit seiner Mutter in den Supermarkt einkaufen. Dort sieht er schon von weitem Niklas, einen Freund aus der Vorschule, der mit seiner Großmutter beim Einkaufen ist.

Kurz entschlossen läuft Lucas zu ihm, kramt den Donut aus der Tasche hervor, teilt ihn und gibt eine Hälfte seinem Freund.

Als Niklas' Oma das sieht, sagt sie zu Lucas: „Ich finde das prima von dir. Hier hast du einen Euro, damit kannst du dir etwas Süßes kaufen."

Thema

Gut fand ich bei dem Thema

Das gefiel mir nicht

Als Niklas mit seiner Oma weggegangen ist, sagt Lucas zur Mutter: „Mama, hast du das gesehen?! Ich gebe etwas weg, und sofort bekomme ich noch mehr geschenkt!"

Die Mutter erwidert nachdenklich: „Leider geht es nicht immer so … Aber ganz sicher wäre vieles besser, wenn wir öfter teilen würden!"

Aus Deutschland

Nicht neben dir!

In meiner Klasse gibt es ein weißes Mädchen. Alle möchten immer mit ihr zusammen sein.
Dann gibt es ein anderes Mädchen, das fast keiner mag, weil es eine ganz dunkle Haut hat.
Einmal hat sich die Dunkelhäutige zu der Weißen gesetzt. Doch die fuhr sie an: „Ich will nicht neben dir sitzen!"
Ich habe daran gedacht, dass wir alle Menschen lieben sollen.
Da bin ich aufgestanden und habe zu der Weißen gesagt: „Ich finde das gar nicht gut, dass du sie so behandelst."
Dann habe ich die andere eingeladen: „Komm, setz dich neben mich!"

Sandra (USA)

„Ich finde das gar nicht gut!"

Der Junge hat etwas Besonderes

„Stimmt's, du magst nicht mehr im Krankenhaus bleiben?", fragte Jan eines Tages den Mann, der im Bett neben ihm lag. Der Mann hatte den ganzen Tag über irgendetwas auszusetzen.
„Du hast Recht!", antwortete der Bettnachbar. „Ich bin jetzt schon zum zweiten Mal hier!" – „Ich schon das vierte!", entgegnete Jan. „Und die Ärzte sagen, dass ich vielleicht nie mehr ganz gesund werde."
Als er das hörte, wurde der Mann auf einmal ganz still.

Einige Tage später sagte er zu Jans Vater: „Ihr Sohn hat etwas Besonderes. Ich verstehe nicht, wie er das macht: Trotz allem ist er so freundlich zu allen. Und man hört ihn kaum jammern."

Da erzählte ihm der Vater, dass Jan und seine Freunde versuchen, die Kunst zu lieben zu üben. Und dann zeigte er ihm den Würfel, den sein Sohn sogar mit ins Krankenhaus genommen hat.

Am Abend hörte Jan, wie der Mann neben ihm seine Frau anrief. Er erzählte ihr auch von ihm und sagte: „Wenn du wieder kommst, dann bring ihm doch etwas Schönes mit!"

Aus Dänemark

Such dir zwei aus

„Tom und Peter ärgern mich immer!", beklagt sich Paul bei seinem älteren Freund. „Ich versuche, nicht darauf zu achten, aber sie machen trotzdem weiter!"

Paul kennt den Würfel der „Kunst zu lieben" und hat sich wieder vorgenommen, „die Feinde zu lieben". Doch wie soll das gehen? Bei Tom und Peter ist er ratlos. „Ich weiß es auch nicht", antwortet sein Freund, „aber vielleicht kannst du ja Gott bitten, dass er dir einen Weg zeigt."

Einige Tage später hat Paul Geburtstag. Seine Mutter gibt ihm eine riesengroße Dose Bonbons mit in die Schule, damit er mit den anderen Kindern feiern kann. Weil es so viele sind, schlägt die Lehrerin ihm vor, er könne doch auch der Nachbarklasse welche an-

bieten. „Such dir zwei Klassenkameraden aus, damit sie dir beim Austeilen helfen!", sagte sie. Am liebsten würde Paul seine beiden besten Freunde mitnehmen, aber dann denkt er sich: Das ist die Gelegenheit! Und er entscheidet sich für Tom und Peter.

Voller Freude erzählt Paul davon seinem Freund: „So schnell hat Gott mir einen Weg gezeigt! Und Tom und Peter haben mich danach nicht mehr geärgert!"

Aus Großbritannien

Ich hab's vergessen

„Oma, hast du dich heute schon daran erinnert?" will Chiaretta am Telefon wissen.
„Woran?", fragt die Großmutter.
„Aber Oma! An das Wort von Jesus, das du mir gestern vorgelesen hast: ‚Was ihr für einen meiner geringsten Brüder getan habt, das habt ihr mir getan.' "
„Ach, heute habe ich das ganz vergessen", gesteht die Großmutter. „Ich hatte so viel Arbeit im Geschäft, da habe ich manchmal die Geduld verloren – auch mit Opa."
„Du musst nicht traurig sein, Oma", macht Chiaretta ihr Mut, „vielleicht kannst du heute ja noch etwas machen."
Die Großmutter legt den Hörer auf und gleich geht sie zu ihrem Mann: „Entschuldige bitte, dass ich heute so ungeduldig mit dir war."

Aus Italien

José hat Heimweh

José Carlos war neu in der Klasse und kannte noch niemanden. Erst vor kurzem war er mit seiner Familie nach Belgien eingewandert. Weil er die Sprache noch nicht kannte, konnte er sich mit niemandem unterhalten. Die meiste Zeit stand er allein herum, doch keiner kümmerte sich darum.
Eines Tages ist das Antoine aufgefallen. Und weil auf seinem Würfel immer wieder „Alle lieben" auftauchte, ging er auf José Carlos zu. Seitdem hat er oft die Pause mit ihm verbracht. Er hätte sich gefreut, wenn José Carlos auch mit den anderen Kindern gespielt hätte. Doch Romain, der Anführer in der Klasse, wollte ihn nicht mitspielen lassen.

Eines Tages fasste sich Antoine ein Herz und sprach mit Romain. Er sagte: „José Carlos kennt hier niemanden. Ich glaube, er hat

Heimweh. Lass ihn doch mitspielen!" Zuerst wollte Romain nicht, aber Antoine ließ nicht locker. Schließlich konnte er Romain doch überreden. Voller Freude lud er José Carlos zum Mitspielen ein.

Von da an hat José Carlos immer mehr Freunde gefunden.

Aus Belgien

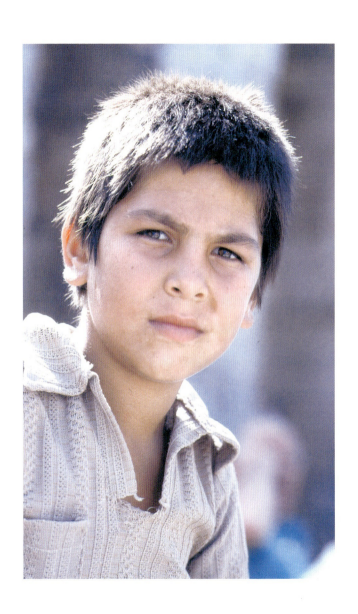

Habe ich nicht!

„Andy hat mich heute so fest gestoßen, dass ich umgefallen bin!", erzählte Peggy ihrer Großmutter am Telefon.
„Das hast du ihm sicher ordentlich heimgezahlt!", erwiderte die Großmutter.
„Nein, Oma, hab ich nicht", antwortete Peggy: „Ich möchte es so machen wie Jesus."
„Was sagst du da?" Die Großmutter wunderte sich sehr. Dann bat sie Peggy: „Hol doch bitte mal deine Mama ans Telefon!"
Die Großmutter hat lange mit Peggys Mutter gesprochen. Die erklärte ihr, dass Peggy und ihre Freundinnen aus der Kindergruppe öfter über Jesus sprechen. Sie wollten so leben, wie er es uns gesagt hat. Beim letzten Mal hatten sie sich vorgenommen, sogar die kleinen und großen Feinde zu lieben.
Die Großmutter war sehr beeindruckt. Am Ende sagte sie: „Jetzt bin ich schon 70 Jahre

alt, aber so etwas habe ich noch nie gehört!"
Dann wollte sie noch mal Peggy sprechen:
„Peggy, weißt du, ab sofort möchte ich es auch so machen wie du und deine Freundinnen!"

Da hat Peggy sich ganz toll gefreut.

Aus Australien

Fragt doch Rosa!

Carlos ist ein ziemlich mürrischer Herr aus São Paolo in Brasilien. Rosa mag ihn trotzdem. Denn der Hausgehilfe fährt sie jeden Tag mit dem Auto zur Schule.

Eines Tages, während sie unterwegs waren, fragte ihn Rosa:
„Carlos, weißt du, was das bedeutet, etwas aus Liebe zu machen?"
„Nein", antwortete Carlos, „was denn?"
Daraufhin erklär-

te Rosa ihm: „Das heißt, dass du dem anderen nur das tust, was du auch Jesus tun würdest."
Carlos wurde ganz still.

Einige Tage später erzählte Rosas Vater beim Essen, dass Carlos auf einmal ganz anders sei, nicht mehr so aufbrausend wie sonst.
„Seine Kollegen haben ihn schon gefragt, was mit ihm los ist", berichtete der Vater. „Und wisst ihr, was er geantwortet hat? Er hat gesagt: ‚Fragt doch die kleine Rosa. Von Kindern kann man nämlich viel lernen.'"

Aus Brasilien

Die behalte ich!

Dafnes Großmutter ist eine feine Dame. Und wie es sich für eine feine Dame gehört, trägt sie nur Schmuck aus reinem Gold und Silber und echte Perlen. Sie ist sehr nett. Aber sie hat in ihrem Leben schon so viel Schlimmes erlebt, dass sie nicht mehr an das Gute in der Welt glaubt.

Einmal sah sie, wie Dafne mit anderen Kindern bunte Perlenketten bastelte. „Was macht ihr denn da Schönes?", fragte die Großmutter. „Schau mal", antwortete Dafne und zeigte ihr einige Fotos. „Das sind ganz arme Leute; für sie machen wir das!"

Die Oma war begeistert und bestellte gleich eine Perlenkette. „Kann ich sie in einer halben Stunde abholen?", fragte sie. „Klar!", antwortete Dafne.

Sofort begann sie, die Plastik- und Glasperlen aufzufädeln. Die anderen Kinder halfen ihr, die schönsten Perlen zu finden. Dann kam die Großmutter zurück und kaufte ihnen die Kette ab.

Dafne dachte sich: Eigentlich braucht meine Oma die Kette gar nicht; sie trägt ja nur wertvollen Schmuck und echte Perlen. So fragte sie: „Oma, schenkst du die Kette mir?" Sie war sich sicher, dass die Großmutter ihr die Kette geben würde. Denn Dafne bekam immer alles, worum sie die Oma bat. Doch dieses Mal sagte die Großmutter: „Nein, Dafne! Diese Kette behalte ich für mich. Sie ist ein Zeichen dafür, dass es noch Liebe in der Welt gibt. Aber wenn du mich besuchen kommst, dann darfst du sie tragen!"

Aus den Niederlanden

Und ich habe nicht gemeckert

In unserem Hof gibt es eine hohe Mauer. Sie ist so hoch, dass man gut gegen die Wand Tennis spielen kann.

Einmal habe ich wieder dort gespielt. Doch dann kam mein Bruder und wollte Fußball spielen. Natürlich genau da, wo ich gerade spielte.

Zuerst wollte ich ihn nicht lassen: „Du kannst doch anderswohin gehen!", sagte ich. Doch er bat noch einmal: „Lass mich bitte hier spielen!"

Da habe ich mich an den Würfel erinnert. Am Morgen hatte ich das Motto gewürfelt: „Jesus im Nächsten sehen". Um Jesus einen Gefallen zu tun, habe ich meinen Bruder auf dem Hof spielen lassen. Und obwohl ich deshalb nicht weiter Tennis spielen konnte, habe ich nicht gemeckert.

Filippo (Kolumbien)

Thema

Gut fand ich bei dem Thema

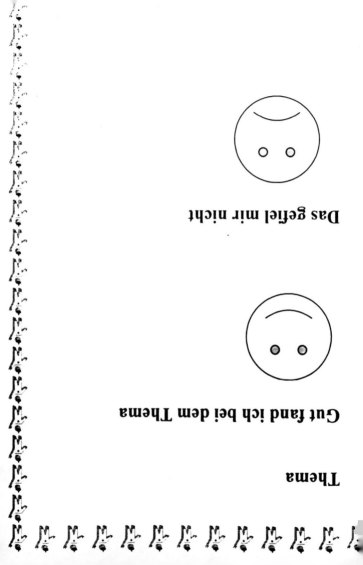

Das gefiel mir nicht

Schreib lieber mich auf!

Die Lehrerin musste kurz aus dem Klassenzimmer gehen. Damit in der Zwischenzeit Ruhe herrschte, gab sie Daniela den Auftrag, die Namen aller Störenfriede an die Tafel zu schreiben. Daniela nahm die Aufgabe ernst und fing an, einige Namen aufzuschreiben. Die Stimmung in der Klasse wurde immer schlechter. Viele waren sauer auf Daniela.
Antonio, der still auf seinem Stuhl saß, erinnerte sich plötzlich an den Würfel. Er stand auf, ging zu Daniela und sagte: „Schreib lieber mich auf!"
Daniela schaute ihn verblüfft an. Dann löschte sie alle Namen von der Tafel. Als die Lehrerin zurückkam, waren alle ganz ruhig.

Aus Italien

Vielleicht hast du auch einmal etwas Ähnliches erlebt wie die Kinder, die ihre Erfahrungen aufgeschrieben haben.

Ja? Wenn du es uns schreiben magst, freuen wir uns sehr!

Unsere Adresse:

>Verlag Neue Stadt
>Würfelbuch
>Münchener Straße 2
>D-85667 Oberpframmern
>
>verlag@neuestadt.com

Sechs Seiten der Liebe

Alle lieben. Manche Menschen haben wir besonders gern, andere mögen wir nicht. Wie viel schöner könnte es auf der Welt sein, wenn wir alle Menschen gut behandeln. So wie Gott, unser Vater im Himmel, der die Sonne scheinen lässt über Guten und Bösen.

Als Erste lieben. Wenn jemand uns etwas Gutes getan hat, fällt es uns nicht schwer, ihm auch etwas Gutes zu tun. Warum fangen wir nicht einfach an und tun selbst den ersten Schritt? So wie Gott, der uns als Erster geliebt hat.

Mit Taten lieben. Wir wollen nicht nur groß daher reden, sondern wirklich ganz konkret lieben: Dies haben sich schon die ersten Christen vorgenommen.

Die Feinde lieben. Das fällt schwer! Auch wenn es nur kleine „Feinde" sind: jemand, der uns geärgert hat, jemand, der schlecht über uns geredet hat. Dann kommt es aufs Verzeihen an!

Jesus im Nächsten lieben. Was ihr für einen anderen Menschen getan habt, das habt ihr mir getan!, hat Jesus gesagt. Zum Beispiel, wenn wir jemandem helfen. Oder wenn wir einem, der Hunger hat, zu essen geben …

Sich einsmachen mit den anderen. Geteiltes Leid ist halbes Leid, geteilte Freude ist doppelte Freude: Das Sprichwort stimmt! Wenn wir uns mit dem anderen einsmachen, versetzen wir uns in seine Lage. Und dann tun wir all das für ihn, was wir selbst uns an seiner Stelle wünschen würden.

Den Würfel gibt es übrigens für fünf Euro in vielen guten Buchhandlungen, ihr könnt ihn auch direkt bestellen bei:

Verlag Neue Stadt, Münchener Str. 2, D-85667 Oberpframmern